초판 1쇄 펴냄 | 2019년 1월 1일

지은이 | 장원석

펴낸이 | 김승겸
펴낸곳 | 아이스토리(ISTORY)
디자인 | 이수빈

등 록 | 2015년 2월 5일 제307-2016-35호
주 소 | 서울특별시 성북구 북악산로5길 31(정릉동)
전 화 | 070-8875-1033
팩 스 | 070-8818-1033
E-mail | istorybooks@naver.com
ISBN | 979-11-88227-07-5

쓰레기통에서 꺼낸 콘티

글·그림
장원석 감독

iSTORY

차례

작가의 한마디

CF 프로덕션과 광고대행사를 거치며 수많은 아이디어를 냈습니다
물론 그 아이디어 중 상당수는 광고로 만들어졌지만
실제로 만들어진 것보다 훨씬 더 많은 아이디어들이
쓰레기통으로 사라졌습니다
문득 오래된 파일들을 정리하다가
예전에 만들었던 콘티들을 발견했습니다
그 콘티들을 보며 혼자 추억에 잠기기에는 너무 아까웠습니다
그래서 고심 끝에 살짝 꺼내 공개를 해봅니다
광고를 알아도 좋고 몰라도 좋습니다
이 콘티들을 보고 웃어도 좋고 비웃어도 좋습니다
다만 여러 가지 사정상 여기에 담지 못하고
진짜 쓰레기통으로 가야 하는 콘티가
훨씬 더 많다는 것이 아쉬울 뿐입니다

의도하지는 않았지만 혹시라도 저작권에 문제가 되는 부분이 있다면
모른척해 주시면 정말 감사하겠습니다

2018년 12월

이 책은
광고주님에게 팔리지 못하고
쓰레기통으로 사라져간
콘티들에 대한 이야기입니다.

"대부분의 사람들이 가죽을 관리하지 않아,
이걸 팔려면 가죽도 관리해야 된다는 걸 알려야 해."

가죽클리너

-

우화
날씨

우화

구름과 태양이
나그네의 옷을
벗기기로 합니다

먼저 구름이 바람을 부네요

이번엔 태양이 뜨거운
광선을 마구~

이젠 비까지?

그런데 결국
나그네의 가죽물건만
상하고 말았어요

이제는 가죽도

처음부터
정기적인 관리가 필요합니다

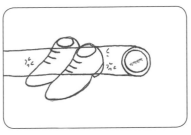

당신의 소중한 가죽제품을

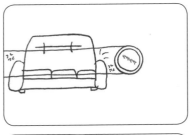

처음처럼 오래오래~

반짝반짝 가죽클리너

반짝반짝 가죽클리너

날씨

비가 오나~ ♪♬

눈이 오나~ ♪♬♩

바람이 부나~ ♪♪♬

가죽은
영원할 것이라는 생각은
이제 그만!

열, 자외선, 수분, 마찰로
당신의 가죽은
조금씩 상하고 있습니다

이제는 가죽도

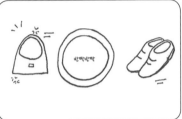

처음부터
정기적인 관리가 필요합니다

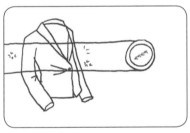

당신의 소중한 가죽제품을

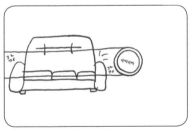

처음처럼 오래오래~

반짝반짝 가죽클리너

반짝반짝 가죽클리너

1

그러나

제작비가 별로 없다
모델은 줄이고 배경은 단순하게!
그러니까 쓰레기통으로 갔지~
저렴한 제작비를 위해
PD는 자신의 자동차를 기꺼이 내줬고
아직도 어울리지 않는 색깔의 가죽시트를 하고
오늘도 달린다

내 차는 안된다

2

"감독님, 갱년기에 요리하는 컨셉으로 팔았는데
골때리고 재미나게 구성해주세요."

갱년기약

-

남편 요리하기
아이들 요리하기

제작취소된 콘티입니다.

남편 요리하기

술 먹고 늦은 주제에
아침밥타령까지~
남편 때문에 열불 나시죠?

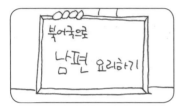

남편을 북어 국으로 요리해보세요

예전에는 북어를 두들기면서
남편에 대한 스트레스를 풀었다는데
사실 열만 더 받죠

북어 따위 처음부터
사 놓지도 마세요

북어 때릴 힘 있으면
그 힘으로 남편이나 때리세요

아침부터
남편 술 냄새 맡으면서 요리하면
우울증 걸려요

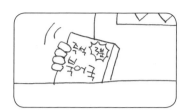

요즘 마트에 가면
즉석국 많이 팔잖아요

물만 끓여서

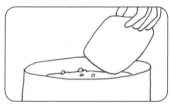

이렇게 넣어주시고

그 사이에 예쁘게 화장이나 하세요

국이 거의 다 끓으면

계란이나 하나 풀어 넣어주세요

잘 익으라고 한번 휘휘 저어주고

이제 그릇에 담기만 하면 되요

자 정성이 느껴지죠?

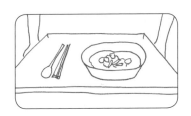

남편은 어차피 술 먹은 다음날이라
뜨거워서 맛도 잘 몰라요

설마 북어 국 하나로
모든 숙취가 싹 없어지길 바란 건
아니시죠?

남편 속이야
하루만 지나면 되지만
우리 여자들 갱년기는
그렇지 않잖아요~

남편 속 푸느라
괜한 고생 하지 마시고

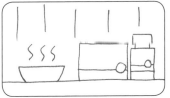

우린 갱년기나 관리 하자구요
호호호

아이들 요리하기

말도 안 듣고 공부까지 안 하는
아이들 때문에 열불 나시죠

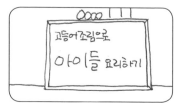

아이들을 고등어조림으로 요리해보세요

안 그래도 얼굴이 화끈 화끈거리는데

고등어 조린다고 오랜 시간
불 앞에 있으면 죽을 맛이죠

그까짓 게 뭐라고
땀까지 흘리면서 그러지 마세요

그런 정성 있으시면
본인에게 더 투자하세요

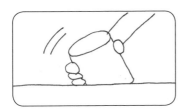

힘들게 만들어 먹였는데
공부 안 하면 우울증 걸려요

마트에서 그냥
고등어 통조림 하나 사오세요

통조림이랑

총각김치 넣고

갱년기약_아이를 요리하기

천천히 잡지나 보세요

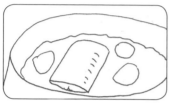

다 끓였을 즈음에

총각무나 먹기 좋게 잘라주세요

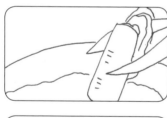

이제 그릇에 담으면

자 먹음직스럽죠?

어차피 그 나이 때는
무쇠도 씹어 먹는다고 하잖아요

설마 고등어조림 하나로
우등생이 될 거라고 생각한 건
아니시죠?

공부는 나중에라도 철들면 하지만
우리 갱년기 관리는
때 놓치면 힘들어요

애들 공부는 알아서 하게 두시고

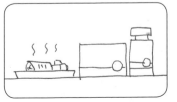

우린 갱년기나 관리 하자구요
호호호

보라!

재치와 해학이 넘치지 않는가
즉석요리 회사와 연계도 가능하다
그런데 왜 쓰레기통으로 갔냐고?
재치와 해학은 내 사정이고
광고주의 사정은 또 다르니까
하지만 아직도 실낱같은 희망을 버리지 못하고
쓰레기통을 비우지 않은 채 한 해를 보낸다

혹시가 역시구만

"요즘 냉장고 용량 큰 게 대세라서요.
실험 형식으로 하는 콘티를 받아봤으면 합니다."

냉장고

-

냉장고 실험실

냉장고 실험실

얼마나 장을 봐야
냉장고를 다 채울 수 있을까?

얼마나 장을 봐야 냉장고를
다 채울 수 있을까?

그래서

우리가 직접 채워봤습니다

우리가 직접 채워봤습니다

자!
그럼 시작해 볼까요?

쇼핑 시작!

커다란 것도
무리 없이 들어가네요

이봐!
놀라지들 말고 어서 채우라고!

아직도 멀었나요?

정말 끝도 없군요

자~ 그만그만~

쇼핑 끝!

얼마나 장을 봤는지
지금부터 세어볼까요?

당신이 생각했던 것보다
많을 수 있어요

당신이 생각했던 것보다
많을 수 있어요

하나..둘...셋...

넷...다섯...여섯...

정말 많죠?

우와~ 정말많죠?

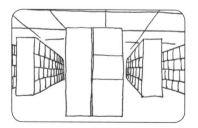

OOO냉장고니까요!

카트는 이렇게 만들어요!

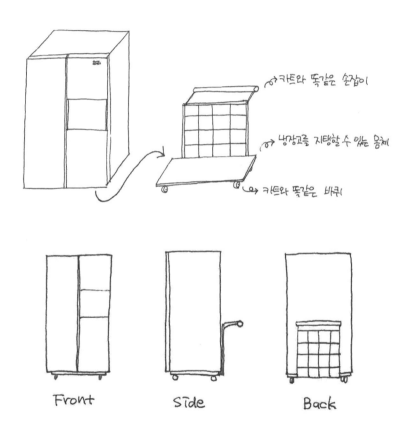

→ 카트와 똑같은 손잡이

→ 냉장고를 지탱할 수 있는 몸체

→ 카트와 똑같은 바퀴

Front   Side   Back

냉장고_냉장고 실험실

3

역시

재미가 없다
독특한 방식으로 실험을 해야 하는데
너무 예측 가능한 실험이었다
선택된 다른 감독의 실험은 상당히 신선했다
쓰레기통에서 꺼내 볼 때마다
반성을 하게 만드는 콘티이며
술을 부르는 콘티다

광고주가 감이 없어~

4

"혹시 개그 프로그램 보셨어요?
그 친구들 계약할 수 있을 것 같아서요."

닭갈비

-

안돼~ 고뢔?

제작하지 않은 나머지 콘티입니다.

안돼~ 고뢔?

군인)
사장님 여기 닭갈비 볶아주세요

경찰)
안돼~ 볶으면 안돼~
닭갈비도 갈비인데
숯불에 구워야지

군인)
고뢔?
그럼 1근만 숯불에 구워주세요

경찰)
안돼~ 일단 1근만 구웠다치자

경찰)
그럼 먹어봐야 될 것 아냐
그럼 먼저 내가 먹어보겠지

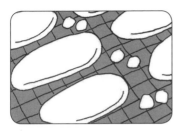

경찰)
그런데 기름기가 쫙 빠져가지고
어? 이거 맛있는데?

경찰)
이러다 다 먹어버려요

군인)
고레? 안되겠지?

사람 불러야겠다
사장님 여기 두근 추가요!

함께)
숯불에 구워먹는 닭갈비
원조 숯불 닭갈비

군인)
나도 이거 하나 차릴까?

41

안타깝게도

계약은 못했다
그 친구들이 아니면 의미가 없는 콘티
그래서 쓰레기통으로 갔다
한동안 모두가 "고뤠?"라는 유행어를
낄낄거리며 말할 때
그 누구도 나에게 그 유행어를 말하지 않았다
난 까칠하니까

가자! 고래잡으러

"강남출장마사지라고 19금 컨셉인데요,
마치 성인물처럼 만드는 거에요."

변비약

-

강남출장마사지

제작취소된 콘티입니다.

강남출장마사지

오랫동안 몸 안에 쌓아놓은
욕구를 분출시키고 싶은 날

The day is ejected that piled up
desire in the body for a long time

지금껏 당신이 경험하지 못한
황홀한 경험을 위해

for your ecstatic feeling
that you've never experienced

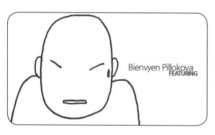

새로운 마사지를 소개합니다

Introducing the new massage

먼저 파트너의 뒤에 앉아

First, partners sitting behind

쓰레기통에서 꺼낸 콘티

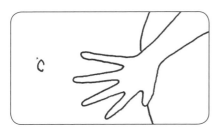

양 옆구리를 위에서 부드럽게
쓰다듬어 줍니다

Gently rub upper to both sides

다음 편안한 자세로 눕히고

And then,
Lay in a comfortable position

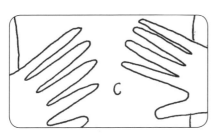

두 손을 배꼽 주위에 댄 후
잡았다 펴줍니다

Placing both hands around the
belly, then fold and unfold repeat

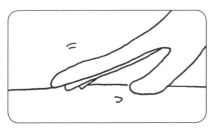

이제 두 손으로 배 전체를
위에서 아래로 쓸어줍니다

Now, with both hands down
on the entire abdomen

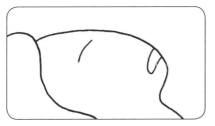

릴렉스~ 릴렉스~

Relax~ Relax~

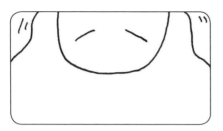

조금씩 신호가 오기 시작하면
더 빠르게 움직여줍니다

when you start to come signal,
move more quickly

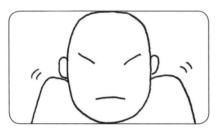

이걸로도 안되면
더 강한 것이 필요하겠죠

If it does not help,
you need our product

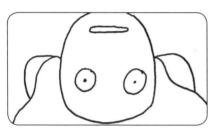

신호가 왔나요?

come! come! come!

궁극적인 즐거움을 위하여

go! go! go!

한번더??

One more again?

물론!

Sure!

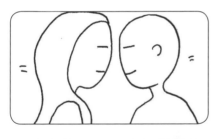

궁극적인 즐거움을 위하여

for your ultimate pleasure

변비약_강남출장마사지

5

이런!

촬영 직전에 대형사고가 났다
아이들은 목숨을 잃고 온 국민은 애도하는데
이런 성인물을 연상하게 하는 걸 만든다면
그건 미친 짓이다
그렇게 강남출의 장마사지는
쓰레기통으로 들어가 버렸고
이것을 시작으로 모든 제작물은 취소되었다

아직 놀아요

"홈페이지에 올릴 영상인데요.
다양한 제품의 사용 후기처럼 만들고 싶어요."

아웃도어1

-

경험담
노하우
테스트
사용법

경험담

실제 매장을 둘러보며
산악인이 자신의 경험담을 이야기합니다

야! 내사진반영

커피를 마시며 매장을 둘러보며
회상을 하시는 김대장님

낭가파르밧 루트에서는 말이지...

이런거처럼.

정정 좋아지는 구만...

노하우

실제 매장을 둘러보며
산악인이 자신만의 노하우를 이야기합니다

자자~ 이것보라구

매장을 돌아다니며 하나하나
친절하게 설명하시는 김대장님

어디 한번 입어볼까?

없는게 없네-

이런거 잊지말라구!

테스트

실제 매장을 둘러보며
산악인이 실제 제품을 테스트합니다

어디보자...

대장을 둘러보며 직접 골라
이것저것 테스트하는 김대장님

흥칼을 때가 없는걸...

준비가 덜됐군

준비는 철저하게!

사용법

실제 매장을 둘러보며
산악인이 제품의 사용법을 설명합니다

가방을 싸는 시범을 보이며
설명을 하시는 김대장님

이런식으로 하는 거라구!

이정도면 완벽

이제 좀 알겠는강?

6

또

취소되었다
늘상 있는 일이지만 힘이 빠진다
스케줄이 취소된 스텝들은
나를 원망하고
나는 그들을 달래느라 술을 마신다
언제나 젊음인 줄 알았는데
이때부터 흰머리가 나기 시작했다

흰수염은 어쩔겨 ~

7

"해외 촬영 건인데 몽블랑 한 번 가자구.
살면서 그런 곳 한 번은 올라가 봐야지."

아웃도어2

-

발걸음

발자국 밟기
얼어붙은 발걸음
자신있는 발걸음

길

두사람의 길
같지만 다른길
길을 따라가다

생각

호수에 비친 생각
당신을 생각하다
몸으로 생각하다

발걸음

조금씩 힘든 산을 가면서
그만큼 두려움도 성취감도 커져갑니다
그것이 산행을 향해 옮기는 발걸음의 이유입니다

발자국 밟기

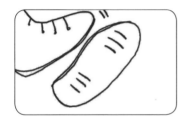

아직은 두렵지만,
당신의 발자국에
내 도전을 맡깁니다

설레는 도전에도
노련한 경험에도

당신이 있어
길은 더 가벼워집니다

얼어붙은 발걸음

"서른이 넘으면
　겁이 나지 않을 줄 알았죠"

"오십이 넘어도
　겁이 나는 것이 있지"

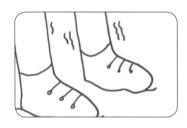

설레는 도전에도
노련한 경험에도

당신이 있어
길은 더 가벼워집니다

자신있는 발걸음

"다음은 어디죠?"

경험이 쌓일수록
도전도 늘어난다

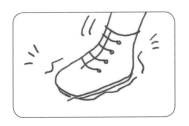

설레는 도전에도
노련한 경험에도

당신이 있어
길은 더 가벼워집니다

길

아무리 힘든 산일지라도
올라가기 위해서는 길이 있어야 합니다
누군가 만들어 놓은 그 길을 따라 산행을 갑니다

쓰레기통에서 꺼낸 콘티

두사람의 길

당신이
걸어간 길을 갑니다

당신이
걸어갈 길을 갑니다

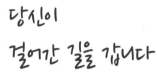

설레는 도전에도
노련한 경험에도

당신이 있어
길은 더 가벼워집니다

61

같지만 다른길

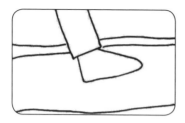

수많은 경험이
만든 길이다

수많은 도전이
만든 길이다

설레는 도전에도
노련한 경험에도

당신이 있어
길은 더 가벼워집니다

쓰레기통에서 꺼낸 콘티

길을 따라가다

"힘들어서 포기하고 싶은 순간
보이지 않았던
산의 꼭대기가
보이기 시작했습니다"

당신을 따라
여기까지 왔습니다

설레는 도전에도
노련한 경험에도

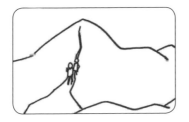

당신이 있어
길은 더 가벼워집니다

생각

산에 대한 많은 생각을 말합니다
하지만 하나의 생각으로 정리하긴 힘듭니다
산은 입으로 떠드는 것이 아니라
몸으로 느끼는 것이니까요

호수에 비친 생각

당신의 경험이 보입니다
당신의 도전이 보입니다

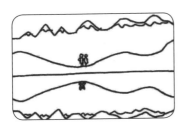

설레는 도전에도
노련한 경험에도

당신이 있어
길은 더 가벼워집니다

당신을 생각하다

당신의 경험에
내 도전을 맡겼습니다

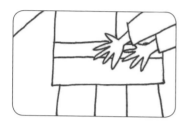

당신의 도전에
또 다른 경험을 합니다

설레는 도전에도
노련한 경험에도

당신이 있어
길은 더 가벼워집니다

몸으로 생각하다

잊었다고 생각했는데

내 몸은 한번도

잊은 적이 없었다

설레는 도전에도
노련한 경험에도

당신이 있어
길은 더 가벼워집니다

7

개뿔!

몽블랑 좋아하시네
콘티가 팔려야 뒷산이라도 올라가지
30개가 넘는 콘티가 들어갔지만
내가 아닌 다른 사람이 몽블랑에 갔다
일을 소개시켜준 선배는
미안하다며 사진을 찍어줬고
지금도 내 방엔 몽블랑 사진이 걸려있다

확 뿐개버릴까?

"영화관이 리모델링을 했는데
간단하게 영상 하나만 만들어줘"

영화관

–

우리는 바꿨습니다

제작하지 않은 나머지 콘티입니다.

우리는 바꿨습니다

아무도 사운드가
부족하다고 하지 않았습니다

하지만, 우리는 바꿨습니다

아무도 스크린이
어둡다고 하지 않았습니다

하지만, 우리는 바꿨습니다

아무도 좌석이
불편하다고 하지 않았습니다

하지만, 우리는 바꿨습니다

아무도 가지 않은 길이
우리의 길이기 때문입니다

내일을 개봉합니다

영화관_우리는 바꿨습니다

맨날

제작비가 없단다
모델도 쓰지 말란다
하기야 그 많은 상영관 중 한 개 관만 바꿨는데
많은 돈을 쓰기도 좀 그렇다
그래도 안 만드는 것보단 낫다
아쉬울 때는
이런 제작물도 대환영이다

맡겨만 주십쇼!

"너 게임 좋아하지?
게임 광고 PT 한 번 안 해볼래?"

온라인게임

-

굿바이 회전목마
머리를 날리다

굿바이 회전목마

너 회전목마 타니?

회전목마 재미없지?

안 그런척해도

재미없는 거 다알아!

굿바이! 회전목마

라이딩이란 그런 게 아니야

나는 라이딩을 아니까

나는 말을 키운다
온라인게임 라이딩

머리를 날리다

머리가 날리는 여자

카페에서도 날리고

사무실에서도 날리고

엘리베이터에서도 날리고

재는 왜 머리가 저런거야?

나?

나는 라이딩을 아니까

나는 말을 키운다
온라인게임 라이딩

그래

난 게임광이다
도스 시절부터 난 게임광이었다
감독도 게임 광고로 시작했다
집에는 온갖 종류의 게임기가 있고
온라인에서 초딩들과 싸우기도 했다
하지만 게임을 잘 안다고
콘티가 쓰레기통으로 들어가지 않는 건 아니다

이제 겜 안해요

오바일 빼고...

"감독님, 와이퍼 광고인데요,
뭐 재미있는 소재 없을까요?"

와이퍼

-

야외실습

제작하지 않은 콘티입니다.

야외실습

오늘은 예정대로 야외 실습으로
양계장을 방문 할 거에요

선생님 지금 비가 오는데요?

비가 와도 괜찮아요
차 타고 갈 거니까요

선생님 앞이 보이질 않아요

걱정하지 말아요
와이퍼를 바꾸면 되요

선생님 저번 달에 결혼했는데
또 와이프를 바꾼다구요?

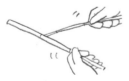

와이프가 아니고 와이퍼에요
와이퍼는 6개월마다 바꿔야 해요

쓰레기통에서 꺼낸 콘티

우왕! 잘 보인다!

그런데 선생님,
손에 든 게 뭐에요?

와이퍼에요
와이퍼는 6개월마다
바꿔야 해요

선생님 앞이 보이질 않아요

와이퍼를 바꾸면 되요
와이퍼는 6개월마다 바꿔야 해요

우왕! 잘 보인다!

그런데 선생님,
손에 든 게 뭐에요?

6개월마다 한번씩!

바꾸고~!

81

10

요즘

TV에서 뜨는 프로그램이 있으면
광고에서는 한 번씩 차용한다
특히 광고주가 지나가는 말로
너무 재미있게 봤다고 하면
반드시 한 번은 제안한다
그러나 대부분의 말로는
이 콘티처럼 쓰레기통으로 간다

앗! 이번엔 저걸 할까?

11

"유기농 제품을 싸게 파는 곳이 있는데요,
같이 PT 한 번 해보지 않겠어요?"

유기농마트

-

영수증
떨이
숨바꼭질
신 자린고비
성장통
일인분
외면
키재기

영수증

계산이 잘못된 것이 아닙니다

당신의 정보가 잘못된 것입니다

유기농, 얼마나 알고 있습니까?

이제 누구나 쉽고 싸게
유기농을 만날 수 있습니다

유기농의 재발견

유기농의 재발견
유기농마트

떨이

유기농은 가격순이 아닙니다

유기농은 선착순도 아닙니다

유기농, 얼마나 알고 있습니까?

이제 누구나 쉽고 싸게
유기농을 만날 수 있습니다

유기농의 재발견
유기농마트

숨바꼭질

유기농이 당신을 피하는 건지···

당신이 유기농을 피하는 건지···

유기농, 얼마나 알고 있습니까?

이제 누구나 쉽고 싸게
유기농을 만날 수 있습니다

유기농의 재발견

유기농의 재발견
유기농마트

신 자린고비

유기농은 과시용이 아닙니다

유기농은 장식용도 아닙니다

유기농, 얼마나 알고 있습니까?

유기농, 얼마나 알고 있습니까?

이제 누구나 쉽고 싸게
유기농을 만날 수 있습니다

유기농의 재발견

유기농마트

유기농의 재발견
유기농마트

성장통

성.장.통

초등학교 2학년 가연이가
가슴이 아프다고 합니다

때이른 성장통은
식생활 때문이라고 하지만
엄마는 쉽게 식탁을 바꾸질 못합니다

마음도 지갑도
쉽게 열지 못하는 그녀

유기농이 다 비싼 것만은 아니다

그런 그녀가 오늘 유기농을 샀습니다

유기농이 다 비싼 건 만은 아니다

유기농, 생활이 되다

유기농마트

유기농, 생활이 되다
유기농마트

일인분

일.인.분

준영이의 일인분은
날이 갈수록 많아집니다

날이 갈수록 커져가는
아이의 비만덩어리도 문제지만

날이 갈수록 커져가는 식비가
더 걱정되던 그녀

유기농이 다 비싼 것만은 아니다

그런 그녀가 오늘 유기농을 샀습니다

유기농이 다 비싼 건 만은 아니다

유기농, 생활이 되다

유기농마트

유기농, 생활이 되다
유기농마트

외면

외.면

정민이 엄마는 구두쇠입니다

하나 더 붙여주지 않으면
사지도 않습니다

행여 아이가 사달라고 보챌까봐
비싼 것은 애써 외면하는 그녀

유기농이 다 비싼 것만은 아니다

그런 그녀가 오늘 유기농을 샀습니다

유기농이 다 비싼 건 만은 아니다

유기농, 생활이 되다

유기농, 생활이 되다
유기농마트

키재기

키.재.기

옆집 아이는 우리 정민이 보다
훨씬 더 큽니다

옆집 엄마는 정민이 엄마보다
더 작은데 말입니다

도대체 얼마나 비싼 것들을
먹이길래 그러냐며 투덜대던 그녀

유기농이 다 비싼 것만은 아니다

그런 그녀가 오늘 유기농을 샀습니다

유기농이 다 비싼 건 만은 아니다

유기농, 생활이 되다

유.기농마트

유기농, 생활이 되다
유기농마트

늘

PT라고 불리는 경쟁을 한다
난 이 경쟁에서 언제나 극을 달린다
많이 튀는 콘티를 내밀었고
그 콘티를 받아주지 않는 경우도 많았다
하지만 나 혼자 하는 경쟁이 아닌 경우
튀는 콘티를 만들기 힘들다
늘 그렇듯 쓰레기통으로 간다

네, 수정하겠습니다

"우리 PT 하나 하는데 시안 좀 만들어 줘
컨셉은 그냥 다 뒤집는 거야."

증권1

-

애니페스토 1
애니페스토 2
딱지치기 고지 1
딱지치기 고지 2
상품광고
딱지치기 스케치

시안 촬영용 콘티입니다.

매니페스토 1

새로운 것은 뒤집는 것

입장을 뒤집고
상식을 뒤집고
시선을 뒤집는 것

뒤집을수록

더 좋은 것을
더 놀라운 것을
드릴 수 있기에

OOO증권이 고객을 위해
제대로 뒤집겠습니다

☒ 뒤집어라

OOO증권

뒤집어라
OOO증권

매니페스토 2

생각만 하지말고 ...
획기적인 거,
창조적인 거 없어?
거기~ 자네,
창조가 뭐라고 생각하나?

음...
뒤집는 거라 생각합니다

그래, 그럼 **뒤집어!**

☒ 뒤집어라

OOO증권

뒤집어라
OOO증권

딱지치기 고지 1

나이를 뒤집어라
격식을 뒤집어라
상식을 뒤집어라

대한민국 직장인
딱지치기 대회

모여라! 대한민국 딱지왕

⊠ 뒤집어라

○○○증권

뒤집어라
○○○증권

딱지치기 고지 2

50년만에
다시 접어봅니다

접는 방법도
치는 기술도
가물가물하지만

나는 원래
수유리 '딱지왕'이었습니다

대한민국 직장인
딱지치기 대회

모여라! 대한민국 딱지왕

⊠ 뒤집어라

OOO증권

뒤집어라
OOO증권

상품광고

커피 한 잔만 마셔도
쿠폰을 주는데

증권사는 뭐하는 거야?

CMA에 쿠폰을 적용하다
CMA를 뒤집다

⊠ 뒤집어라

○○○증권

뒤집어라
○○○증권

딱지치기 스케치

나이를 뒤집고
격식을 뒤집고
일상을 뒤집고
고정관념을 뒤집었습니다

뒤집는 일이 이렇게
즐거운 일인지 몰랐습니다

작은 딱지로 시작된
대한민국 직장인들의
행복한 뒤집기 축제

올한해 대한민국은
뒤집어서 행복했습니다

앞으로도 OOO증권은
고객을 위해
계속 뒤집겠습니다

⊠ 뒤집어라

OOO증권

뒤집어라
OOO증권

12

사실

이 콘티는 내 아이디어가 아니다
광고대행사에 있는 친구의 아이디어다
어느 날 갑자기 시안을 만들어 달라는
친구의 부탁에 급하게 촬영을 하고
자료를 찾아서 시안을 만들었다
딱지치기가 전국을 휩쓸 거라는 친구의 말과는 달리
이 콘티는 딱지가 되어버렸다

난 방배동 딱지왕이었다

"감독님, 저번 광고 반응이 너무 좋아서요,
전작을 뛰어넘는 그런 콘티 부탁드려요."

증권2

\-

은행강도 A
은행강도 B

제작하지 않은 콘티입니다.

은행강도 A

아나운서)
한 은행에 무장강도가 들어
강탈한 돈을 다른 금융사에 맡기는
어처구니없는 일이 일어났습니다

기자)
시내의 한 은행에서
신선한 오이를 든 강도가
거액의 돈을 요구합니다

강도는
은행을 순식간에 빠져나와
다른 곳으로 향했습니다

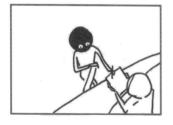

강도가 찾은 곳은 다름아닌 모 금융사
그는 강탈한 돈을
남김없이 예치했습니다

인터뷰 강도)
목돈만 넣어두면
매달 든든한 수입이 생기니까...

인터뷰 청원경찰)
저희가 들이닥쳤을 때에도
끝까지 상품을 포기 안하더라구요

금융사 직원)
놀라긴 했지만 워낙 좋은 상품이고
수익도 높고... 이해는 가요...

기자)
좋은 투자처를 찾기 힘든 요즘
어느 금융사의 인기 상품이 만들어번
시대의 촌극이었습니다

넣어두면 목돈되는
OO증권 목돈계좌

NA)
넣어두면 목돈되는
OO증권 목돈계좌

은행강도 B

아나운서)
모 금융사에 무장강도가 들었으나
여직원의 기지로
무사히 막아냈습니다

기자)
모 금융사에
신선한 오이를 든 강도가
거액의 돈을 요구합니다

하지만
한 여직원이 거액의 돈을
다시 예치할 것을 권유했고

강도는 이에 설득 당해
강탈했던 돈을 다시
고스란히 넘기고 말았습니다

인터뷰1)
강도가 오이를 들이미는 대도
여직원이 차분하게 그 돈을
어디에 쓸 거냐고 묻더라니까요

인터뷰2)
매달 든든한
수입이 생긴다고 하니까
강도의 눈빛이 달라지더라구요

금융사 직원)
마침 저희에게 목돈을 굴리는
좋은 상품이 있어서...

기자)
좋은 투자처를 찾기 힘든 요즘
어느 금융사의 인기 상품이 만들어번
시대의 촌극이었습니다

넣어두면 목돈되는
00증권 목돈계좌

NA)
넣어두면 목돈되는
00증권 목돈계좌

13

아~

이런 거 부담스럽다
전작을 뛰어넘는 무언가를 만든다는 것
결코 쉬운 일이 아니다
그리고 그 기대에 못 미쳤을 때
그 결과는 정말 처참하다
당연히 콘티는 쓰레기통으로 갔고
그 뒤로 이 회사 일은 하지 못했다

담배를 끊을 수가 없다

"친구야, 우리 마술 체험전을 기획했는데
애들 많이 올 수 있게 니가 CF 좀 찍어줘라."

체험전

-

마법사가 되자

제작하지 않은 나머지 콘티입니다.

마법사가 되자

마술사의 옷을 입고
위풍당당히 걷는 주인공 꼬마

아빠는 그런 아들이 의심스럽고

엄마 또한 미심쩍다

동생마저
의심의 눈초리를 보내지만

수리수리 마수리
꼬마는 아랑곳 않고 기를 모은다

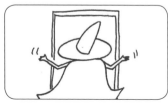

그 곳은 아무것도 없는 문 앞

가족들은 꼬마의 행동이
영 못마땅한데

이때 기합을 넣는 꼬마

중국집 배달 아저씨가
문을 박차고 들어온다

깜짝 놀라는 가족들

잠시 체험전의 소개가 나오고

아버지는
짜장면이 싫다고 하셨다

가끔

지인들이 CF를 부탁한다
대학 동기이자 절친인 친구의 부탁으로
체험전 광고를 기획했다
지인들의 일은 언제나 남는 것이 없다
그래서 늘 두렵다
이 친구도 재주껏 잘 남겨보라고 했지만
남은 건 우정뿐이었다

설마 또 수정이냐?

"감독님, 치킨 광고 찍어보셨죠?
컨셉이 독특한 치킨 광고 어때요?"

치킨1

-

아수라 백작
하나론 부족할 때
트로트박, 랩하다

제작하지 않은 나머지 콘티입니다.

아수라 백작

치킨은 역시 후라이드지

요즘은 오븐이 대세야

후라이드 라니까!!

오븐이라니까!!

이제 싸우지 마세요
사이좋게 드시라고
두 마리나 드려요!

혼자가 아니라면

두배로 즐겨라

두마리치킨

하나론 부족할 때

너 만나고 제대로 먹은 적이 한 번도 없어!

가!

가란 말이야!

하나론 부족할 때...

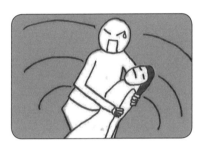

우리 그냥
두마리 먹게 해주세요~

두배로 즐겨라

두마리치킨

트로트박, 랩하다

트로트박, 하나론 부족하다

RAP)
셋이 모여 먹었는데 한마리!
한마리로 모자라서 허전함이!
다 먹어도 커져만 가 불만이!

RAP)
그~래서 우린 먹어 두마리!

RAP)
더~크고 싸게 즐겨 두마리치킨

RAP)
두배 더 치킨 더 두마리!
두배 더 싸게 더 두마리!

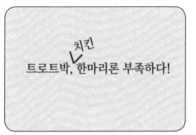

트로트박, 한마리론 부족하다

RAP)
아 세이 큰! 유세이 닭!
큰! 닭! 두마리!

두배로 즐겨라
두마리치킨

이런

치킨 프랜차이즈들이 많이 생겼다
그러다 보니 모델 경쟁도 없지 않았다
모델은 트로트로 유명한 박 군이었다
박 군은 CF는 처음이라며
촬영에 굉장한 열정을 보였다
하지만 박군은 그 뒤에도
트로트만 부를 뿐 CF는 찍지 않았다

박군이
그래도 행사는 많이 하더라만~

"감독님, 치킨 하시는 김에
아예 치킨 전문 감독 어떠세요?"

치킨2

-

잘못된 숙성
속사정
그녀의 속삭임

잘못된 숙성

"나 너한테 할 말 있어"

SE) 시계 초침소리, 종소리 등

...

...

"너 돈 좀 있니?"

숙성해야 할 것은 따로 있다

24시간 이상 숙성시켜
속살까지 부드럽다

속다른 맛
OOO 치킨

속사정

"뭔 배달이
이렇게 오래걸려?"

"이봐!
축구 끝나면 올려고 했어?"

"죄송합니다, 젊은 애들이
다 축구보러가서..."

"아!!!"

"그럼 당신은?"

"사장이 제 아버지라..."

누구에게나
속 깊은 사정은 있다

속 깊은 곳까지 숙성시켜
속살마저 부드럽다

속깊은 치킨
OOO치킨

속깊은 치킨
OOO 치킨

그녀의 속삭임

"나 이제 너없이는 안되겠어"

"사랑해~"

"응, 나도!"

"사랑해~"

쓰레기통에서 꺼낸 콘티

그녀의 속삭임이
속살까지 파고든다

맛의 감동이
속살까지 파고든다

속살숙성으로
부드럽고 쫄깃하게

속살까지 파고드는
○○○치킨

속살까지 파고드는
○○○ 치킨.

많다!

많아도 너무 많다!
치킨 브랜드들이 너무 많다
다들 맛도 비슷비슷하고
차별화되는 점도 크게 없다
그러다 보니 다른 메시지를 남기려
말도 안 되는 발악을 했다
그렇게 콘티는 쓰레기통으로 들어갔다

감독도 너무 많아

"이번에 침대 회사에서 공개적으로
콘티 경쟁 입찰을 한다는데요?"

침대

-
첫날밤
메멘토
도둑
모기

콘티 경쟁에서 탈락한 안입니다.

첫날밤

결혼식을 올리는 신랑, 신부

신혼집에 도착한 신랑, 신부가
행복한 표정으로 서로를 바라본다

로맨틱하게 신부를 들어 안으려
하지만 왠지 힘겨워 보이는 신랑

신랑품에 안겨 행복한 표정의 신부
점점 힘이 빠져 보이는 신랑

계단을 오르는 신랑의 다리가
심하게 후들거린다

분위기를 잡기 위해 침대 위에
미리 준비해둔 음료수를 향해
힘겹게 문을 통과하는 신혼부부

침대 앞으로 위태롭게 다가가다
거의 다 와서 손을 놓치는 신랑

결국 신부를 침대위에
내동댕이치고 마는 신랑

하지만 다행히 음료는
엎질러 지지 않았고
신혼부부는 안도의 한숨을 쉰다

결국 지쳐 곯아떨어진 신랑을
허무하게 바라 보는 신부

메멘토

빌딩 안으로 들어 오며 갸우뚱하며
손바닥을 바라보는 메멘토의 주인공

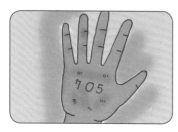

그의 손바닥에는
105라는 숫자가 적혀져 있다

뭔가 의심스러워하면서
105호로 들어가는 주인공

기억이 나지 않는 듯 조심스럽게
자신의 집을 둘러 보다
침대를 발견한다

주인공이 침대에 몸을 던지자
침대의 반동으로 옆에 자고 있던
정체불명의 남자가 튕겨져 나간다

깜짝 놀라 잠이 깬
정체불명의 남자가
주인공을 무서운 눈으로 쳐다본다

위협을 느낀 주인공은 도망가고
그 뒤를 남자가 뒤 쫓는다

뭔가 이상함을 느낀 주인공이
다시 손바닥을 보니 숫자는 705였다

급하게 705호로 들어와
침대를 향해 몸을 던지는 주인공

옆을 보니 어여쁜 아내가
힘들림을 느끼지 않고 곤히 자고 있다

도둑

깊은 밤 창문을 넘어 들어오는 도둑

자고 있는 부부를 보고
조심 조심 방 안을 둘러본다

하지만 집안의 물건들은 텅텅 비어서
훔쳐갈만한 물건이 마땅히 없다

훔쳐갈 물건들이 없자
난감해하는 도둑

그런데 마침
서랍장 위의 보물상자를 발견한다

조심조심 서랍장을 타고 올라가는
도둑의 모습

하지만 서랍장이 갸우뚱 하며
중심을 잃으면서 도둑도 밑으로 떨어진다

도둑이 떨어진 곳은 하필이면
부부가 자고 있는 침대 위

침대 덕에 깨지 않는 부부를 보며
안도의 한숨을 쉬는 도둑의 머리 위로 흔
들거리던 서랍장이 넘어진다

날이 밝아지고 부부가 일어나보면
도둑이 밤새 서랍장을 벽서듯 받치고
이러지도 저러지도 못하고 있다

133
침대_도둑

모기

자야 하는 시간에 잠들지 않고
칭얼대는 아이를 달래는 엄마

안고 달래며 간신히 아이를 재운다

조심스럽게 아이를 침대에 눕히는 엄마

이 때 모기 한 마리를 발견한다

잡으려 하지만 피해 날아가는 모기

아이의 이마에 모기가 앉자
아이가 깨지 않게 날려 보낸다

모기를 잡으려 침대 위를
여기 저기 뛰어 다니는 엄마

화가 머리 끝까지 난 엄마는
모기가 아이 옆에 앉은 것을 보고
있는 힘껏 모기를 짓밟아버린다

다행히 침대 덕에 깨지 않은 아이

곤히 자는 아이를
사랑스런 눈길로 바라보는 엄마

17

나름

경쟁에서 괜찮은 승률을 자랑할 때
마침 이 프로젝트가 생겼다
근거 없는 자신감과
자아도취에 빠진 아이디어로
이번 건은 우리의 승리라고 확신했다
그리고 이 프로젝트를 시작으로
나는 끝없는 패배의 늪으로 들어갔다

웃는 게 아니라 우는 거다!

"저희 PT를 하는데 시안 좀 만들어 주세요.
재미있는 콘티면 돼요."

카드

-

노점상
축의금

시안 촬영용 콘티입니다.

노점상

얼마에요?

3개월로 해주세요

카드만을 생각하는 1인

뭐여? 카드여?

포인트 쓸꺼?
적립할꺼?

카드만을 생각하는 2인

카드만을 생각합니다
OO카드

축의금

결혼 축하드립니다~

6개월로 해주세요

카드만을 생각하는 1인

카드신가요?

포인트 적립되었습니다

카드만을 생각하는 2인

카드만을 생각합니다
OO카드

어느

개그맨 지망생이 있었다
시안 촬영을 위해 콘티를 본 그 친구는
콘티가 너무 재미있다며
개그 소재로 써도 되냐고 물었고
나는 흔쾌히 승낙했다
일 년 뒤 공채에 합격한 그 친구는 유명해졌지만
이 소재는 아직도 나오지 않고 쓰레기통에 있다

립 서비스였나??

"여러 유명인사들을 써서 광고를 만드는데요.
감독님들의 콘티를 받아보고 싶어요."

태블릿PC

-

동화작가
만화가
가구 디자이너
스타일리스트
요리사
개그우먼
축구감독

콘티 경쟁에서 탈락한 안입니다.

동화작가

동화작가 배작가,
그녀에게 비밀이 생겼다

배작가는 부모가 없는 아이들을 위해
동화를 만들어 주기로 했다

음, 이 아이들만의 동화는
어떤 것이 좋을까...

뻐작가는 아이들을 위해서
비밀의 동화노트를 꺼냈다

간단하게 오리고 붙이고
쓰면 되니까!

여러분도 함께 아이들에게
동화노트를 만들어주세요

아이들과 通하다
뻐작가의 노트
태블릿노트

만화가

인기만화가 왕작가,
그에게 비밀이 생겼다

왕작가는 자신의 작품을 아끼는 팬들을 위해
초상화를 그려 주기로 했다

그러면 누구부터 그려줄까...

왕 작가는 팬들을 위해서
비밀의 초상화노트를 꺼냈다

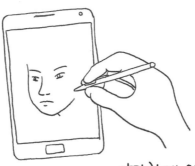

간단하게 오리고 붙이고
쓰면 되니까!

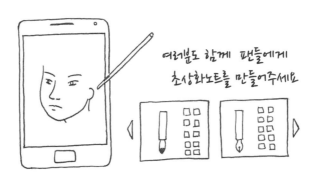

여러분도 함께 팬들에게
초상화노트를 만들어주세요

팬클럽과 通하다
왕 작가의 노트
태블릿노트

가구 디자이너

가구 디자이너 이작가,
그에게 비밀이 생겼다

이작가는 아이 공부방을 꾸미고 싶은 엄마에게
집안의 가구를 바꿔주기로 했다

아무래도 직접 가기에는
그녀의 집이 너무 멀고...

이작가는 이 엄마를 위해서
비밀의 리빙노트를 꺼냈다

간단하게 오리고 붙이고
쓰면 되니까!

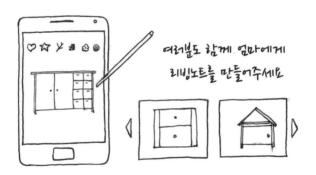

여러분도 함께. 엄마에게
리빙노트를 만들어주세요

엄마들과 通하다
이작가의 노트
태블릿노트

스타일리스트

스타일리스트 하선생,
그에게 비밀이 생겼다

하선생은 처음 데뷔하는 가수를 위해
의상을 스타일링 해 주기로 했다

발라드 가수다운
감성적인 스타일링, 아니면 튀는...

하선생은 신인가수를 위해서
비밀의 스타일노트를 꺼냈다

간단하게 오리고 붙이고
쓰면 되니까!

여러분도 함께 신인가수에게
스타일노트를 만들어주세요

언예인과 通하다
하선생의 노트
태블릿노트

151

태블릿PC_스타일리스트

요리사

칠성급 요리사 권세프,
그에게 비밀이 생겼다

권세프는 한식을 좋아하는 외국인을 위해
레서피를 만들어 주기로 했다

그런데 외국인들이
좋아할 만한 요리는 뭘까...

권세프는 외국인들을 위해서
비밀의 레서피노트를 꺼냈다

간단하게 오리고 붙이고
쓰면 되니까!

여러분도 함께 외국인들에게
레서피노트를 만들어주세요

외국인과 通하다
권세프의 노트
태블릿노트

개그우먼

재치있는 개그우먼 박배우,
그녀에게 비밀이 생겼다

박배우는 웃음을 잃은 이 병원의 환자들에게
재미있는 이야기를 해 주기로 했다

사실 난 얼굴만으로도
충분히 웃길 수 있는데...

154
쓰레기통에서 꺼낸 콘티

박배우는 아픈 이들을 위해서
비밀의 개그노트를 꺼냈다

간단하게 오리고 붙이고
쓰면 되니까!

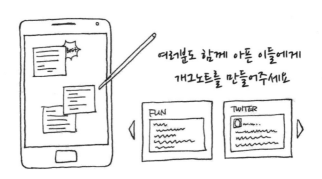

여러분도 함께 아픈 이들에게
개그노트를 만들어주세요

아픈 이와 通하다
박배우의 노트
태블릿노트

축구감독

국가대표 축구감독 김감독,
김감독에게 비밀이 생겼다

김감독은 만년 꼴찌 축구팀에게
근사한 작전을 짜주기로 했다

그런데 이거 문제가
한두가지가 아닌데...

김감독은 만년 꼴지팀을 위해서
비밀의 필승노트를 꺼냈다

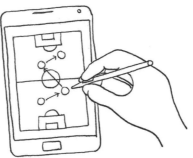

간단하게 오리고 붙이고
쓰면 되니까!

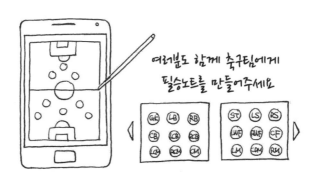

여러분도 함께 축구팀에게
필승노트를 만들어주세요

축구팀과 通하다
김감독의 노트
태블릿노트

꼭

찍고 싶었다
개인적으로 좋아하는 셀렙들이 많았다
콘티보다 더 많은 분들을 제안했다
하지만 나에겐 그런 기회가 오지 않았다
그리고 그분을 만날 기회도 사라졌다
그분들에게 꼭 말하고 싶었다
싸인 좀 해달라고

나또 싸인합니다

결제되었습니다~

"직업체험을 하는 테마파크인데요.
다양한 직업별 얼터도 부탁드립니다."

테마파크

-

엄마만 몰라
직업별 얼터컷

*얼터컷: 선택 가능한 예비 컷

제작하지 않은 콘티입니다.

엄마만 몰라

여자아이)
말썽꾸러기 진수도 다녀왔다

진수)
대피하세요

여자아이)
수줍음 많은 내 짝 수아도
다녀왔다

수아)
싸인 해 줄까요?

여자아이)
내가 좋아하는 민준이도
다녀왔다

민준)
삑! 삑! 신호위반입니다

여자아이)
앙~앙~

여자아이)
왜 엄마만 모르는 거야?

어머니)
엄마가 알아야
아이가 앞서간다

NA)
직업체험 테마파크

직업별 얼터컷

- 지구본을 보는 미래의 외교관

"우리와 수교 하시죠?"

- 인형을 수술하는 미래의 의사

"석션!!"

- 화장실을 두들기는 미래의 집배원

"등기 왔어요!"

- 블럭을 쌓는 미래의 건축가

"최신 공법입니다"

- 방안을 취재하는 미래의 기자

"여기는 사고 현장입니다"

- 아빠의 서재에 앉은 미래의 법관

"징역 ㅣ년을 선고한다!"

안다!

나도 많이 갔다
애들이 너무 좋아해서 갔다
그런데 아쉬운 것은
그 많은 직업 중에 CF 감독은 없다
많은 직업들이 회사원이라는 이름으로
사려져버렸다
난 회사원이 아니다

아빠 멋있지?

즐!

"할지 안 할지는 모르겠지만
한번 제안해 보려고 하는데 어때요?"

홍삼믹스

-

콜라보레이션 A
콜라보레이션 B

콜라보레이션 A

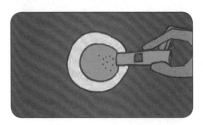

컵에 믹스를 넣으면

커피와 콜라보레이션

사이다와 콜라보레이션

콜라와 콜라보레이션

포도주스와 콜라보레이션

체리주스와 콜라보레이션

우유와 콜라보레이션

홍삼도 콜라보레이션 하자!

홍삼도 콜라보레이션 하자!

찬물에 잘~ 녹는 홍삼믹스

콜라보레이션 B

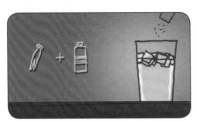

홍삼을 찬물에 섞으면?

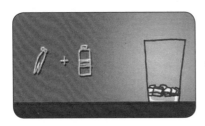

콜라보레이션!!!

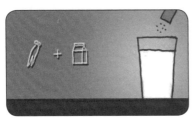

우유와 섞으면?

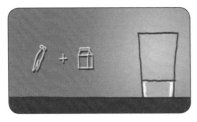

콜라보레이션!!!

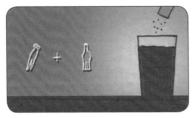

콜라와 섞으면?

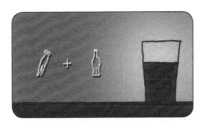

콜라보레이션!!!

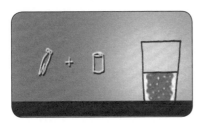

뭐든 섞으면?

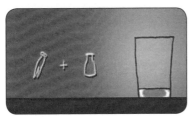

콜라보레이션!!!

홍삼도 콜라보레이션 하자!

홍삼도 콜라보레이션 하자!

찬물에 잘~ 녹는 홍삼믹스

안 했다!

진짜 안 했다
할지 안 할지 모르는 프로젝트 중에서
진짜로 한 것은 없다
할지 안 할지 모르는 것은
안 하는 것이다
하지만 나는 오늘도
할지 안 할지 모르는 프로젝트를 하고 있다

어이쿠, 또냐?

"우리나라에도 이런 게임기가 있네.
여기 광고하려나 보더라구."

휴대용게임기

\-

바디랭귀지
싸움짱
ET
오장풍

바디랭귀지

언제 어디서나

틈만 나면

전세계의 친구들과
어울리는 철수씨

철수씨와 그들은 서로

바디랭귀지를 씁니다

말은 안 통해도
게임은 통한다

온라인 게임이 작아졌다

포터블 온라인 게임기

포터블 온라인 게임기

싸움짱

야, 내가 어제 길거리에서

때려눕힌 사람이
몇인줄 알아?

미국인 14명

프랑스인 7명

중국인 21명...

세계는 지금

온라인 중입니다

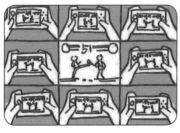

포터블 온라인 게임기

포터블 온라인 게임기

ET

아무리 얼굴이

비슷해도

성격은 다르죠

하지만 얼굴이 달라도

같은 것이 있어요

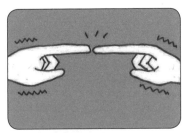

생긴 건 달라도 손맛은 같다

짜릿한 손맛을 즐기자

포터블 온라인 게임기

오장풍

퍼어억!

퍼어억!

퍼어억!

그가 팔을 뻗는 순간

난 140kg의 하중을 느꼈다

손끝으로 게임을 즐겨라!

짜릿한 손맛을 즐기자

포터블 온라인 게임기

하지만

광고는 하지 않았다
아무래도 게임기는
소프트웨어가 받쳐줘야 한다
요즘 나오는 모바일 게임을 지원했다면
좋은 게임기가 될 수 있었을 것 같다
또다시 날아간 기회에 아쉬워하며
오늘도 난 뜬 눈으로 밤을 지샌다

일이 없으면 잠이 안와 ~

"공익적인 좋은 메시지를 비열한 악인이 하면
재미있을 것 같지 않아요?"

쓰레기통으로
안 들어간 콘티

*

악역배우

악역배우

악역배우)
악역이요?
어렵지 않습니다

악역배우)
스마트폰 하나면
당신도 악역이 될 수 있죠

악역배우)
사고유발자

악역배우)
으하하하하하하

악역배우)
불량배

쓰레기통에서 꺼낸 콘티

엘레베이터 승객)
아 좀 비켜요~

악역배우)
절도범

지나가던 여자)
어멋! 찍지 마요

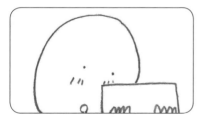

악역배우)
풍기문란범

여자손님들)
어우~ 저질

악역배우)
폭력배

옆구리
폭력배역

악역배우)
죽어! 죽어!

악역배우)
펀치기범

셀카봉 펀치기범역

사람들)
꺄아악!

악역배우)
어때요, 참 쉽죠?

배려없는 스마트폰 사용이
당신을 악역으로 만들고있진 않나요?

NA)
배려없는 스마트폰 사용이
당신을 악역으로
만들고있진 않나요?

스마트폰, 바르게 쓴다면
배려의 주인공이 될 수 있습니다

악역배우)
스마트폰, 바르게 쓴다면
배려의 주인공이 될 수 있습니다

언제나

아이디어들이 쓰레기통으로 가는 건 아니다
함께 일하는 PD가 회의 시간에
악역배우 사진 한 장을 들고 왔다
여기에 살이 붙기 시작하니 일사천리로 완성이 되었다
아이디어부터 느낌이 좋았는데
촬영하고 시사까지 아주 기분 좋게 진행되었다
함께해주신 모든 분들께 감사드린다

광고주 대행사 스텝 모델 모두들 사랑해요~

쓰레기통에서 재활용되는 그날을 기다리며...